EL ARTE DE LA CASA ABIERTA™

Profesional de Bienes Raíces

EL ARTE DE LA CASA ABIERTA™

Profesional de Bienes Raíces

RJ Salerno

Segunda Edición

El Arte de la Casa Abierta™

Para información, por favor escriba Génesis Publishing Group: publishinggenesis@gmail.com.

Libro y Portada diseñados por RJ Salerno. Traducido al español por Alba Ruiz.

EL ARTE DE LA CASA ABIERTA™: Profesional de Bienes Raíces

ISBN: 978-1717054005 Segunda Edición: abril 2018

10 9 8 7 6 5 4 3 2

TABLA DE CONTENIDO

Prefacio

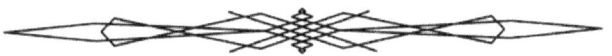

Este libro está dedicado al aspirante a convertirse en agente de bienes raíces que busca un camino hacia el ÉXITO. Lo que se discutirá a continuación son las ideas y soluciones del mundo real para la búsqueda continua del próximo prospecto. Estas ideas en su mayoría no son enseñadas en las diferentes oficinas de bienes raíces.

De acuerdo con el perfil de compradores y vendedores de viviendas del National Asociation of Realtors por sus siglas en ingles NAR del año 2013, conducir por los vecindarios es una de las principales actividades de los compradores, y si la casa está abierta, ¡se detendrán! El estudio de NAR 2013 también informa que el 45 por ciento de los compradores dijeron que usaron las casas abiertas como fuente de información en su búsqueda de viviendas. Así que no dejes que los detractores te derroten y traten de convencerte de que hacer una *Casa Abierta* u *Open House* es una pérdida de tiempo. Desde el 2003, he realizado numerosos descubrimientos para ayudar a refinar *El Arte de la Casa Abierta*™ en lo que es hoy.

Si tu carrera en bienes raíces está en la fase nueva o tal vez has estado en el negocio por un tiempo y necesitas un impulso para esa carrera declive. ¡Tengo buenas noticias! Hoy puedes cambiar todo en tu negocio de bienes raíces si te atreves a creer en lo que es posible.

Yo solo espero que *El Arte de la Casa Abierta*™ cause un impacto significativo en ti como lo hizo con migo como conclusión importante de este libro, me gustaría que todos mis lectores se quedaran con esta frase en su mente: "Si crees que eres un éxito, un éxito serás".

Lo que aquí se enseñará realmente funciona para aquellos que tienen el deseo y la creencia de llevar su carrera de bienes raíces desde el fondo hasta estar entre los mejores en cualquier oficina de bienes raíces de cualquier país. Si crees que dominar el arte de las casas abiertas transformará tu carrera en bienes raíces. Ciertamente lo hará lo hizo por mí.

Hoy aprenderá a pasar de 0 a 6 cifras en el primer año de su nueva carrera.

Ahora habrá claridad en tu futuro para alcanzar el ÉXITO.

Introducción

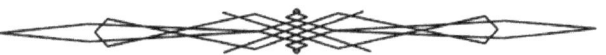

Mi pasión por los bienes raíces comenzó cuando tenía unos 12 o 13 años. En aquellos días, yo vivía en una comunidad pequeña pero en proceso de desarrollo a principio de los 80s en el sur de California. Las oficinas de bienes raíces y los constructores de viviendas se estaban volviendo locos con el crecimiento y la alta demanda de más viviendas. California estaba comenzando a ver un aumento de una explosión demográfica que alimentó la demanda de viviendas. Supongo que se podría decir que en ese momento la economía comenzaba a cambiar después de la recesión a finales de los 70s y la gente quería casas MÁS NUEVAS y MÁS GRANDES, los constructores de casas estaban muy contentos. Recuerdo que yo solía dar vueltas por las comunidades en mi bicicleta para ver todas las nuevas casas modelo. También como pasatiempo para divertirme yo acostumbraba manejar por la comunidad donde vivía para observar la impresionante vista de tantas casas nuevas que estaban siendo construidas.

Recuerdo que era un día brillante y soleado del año 1984. Y justo ese día, acababan de terminar la construcción de estas nuevas casas modelo construidas en la cima de una colina, mirando justamente hacia la comunidad en la que yo vivía con impresionantes vistas del campo, y pequeños fragmentos de una vista al mar a lo lejos a la distancia. Por su puesto que no me hice esperar, tome mi bicicleta y llegue has allí. La experiencia de caminar por la casa modelo fue una experiencia única y pensé en mi mente, cómo sería un trabajo vendiendo casas. A partir de ese día, quede cautivado. Los bienes y raíces estaban en mi sangre. Pero fue hasta muchos años después, que tuve la oportunidad de experimentar el mundo de bienes raíces.

Cuando yo comencé mi carrera en bienes y raíces en el año 2002, yo, como tantos otros, empecé con todo el enfoqué, con toda la emoción, con toda la pasión del mundo y con una actitud de ¡si se puede! En ocho meses, estaba casi fuera del negocio; comenzaba a parecer que mi carrera en bienes y raíces era un fracaso. Al decir que intenté todo para tener éxito en bienes y raíces, esa sería la subestimación del siglo. REALMENTE, quería hacerlo, quería sentir ese logro de lo que había visto con mis propios ojos, sentir eso que otros agentes estaban experimentando esa sensación de éxito.

Pregúntate, ¿cómo te sentirías si fueras el agente de bienes raíces que quieres ser? ¿Puedes visualizar viendo tu nombre en la parte superior del área de producción de tu compañía de bienes raíces, mientras que el corredor de bienes raíces te felicita por tus esfuerzos? ¿Cuál es la sensación dentro de ti cuando el cheque de comisión llega a tus manos?

Al decir que intenté de todo en el 2002, sería poco. Casi me di por vencido en mi primer año en bienes raíces hasta que un día descubrí cuáles son los secretos de éxito para *Casa Abierta* o *Open House*. ¡Mi carrera se TRANSFORMÓ INSTANTÁNEAMENTE!

A medida que avanzamos juntos en este libro, espero que usted, como lector, pueda encontrar no solo las soluciones que buscan, sino que también puedan encontrar el verdadero poder oculto que hay en la mente de cada uno de nosotros.

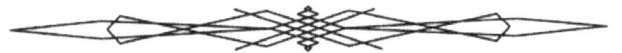

Yo creo que en general las estadísticas de éxito de los agentes de bienes y raíces se pasan por alto en toda la industria. ¡Sé que lo fue para mí! No debemos ser negativos sobre el tema, pero si es necesario que haya una discusión para comprender cuáles son algunos de estos números desconocidos para el éxito y el fracaso de estos agentes. Los nuevos agentes de bienes y raíces no siempre tienen una orientación excelente desde el principio. Por ejemplo, las personas que eligen trabajar solos desde el principio, normalmente se les deja descubrir qué funciona por su propia cuenta.

En el sector de bienes raíces, por lo general, existe una rotación significativa de agentes nuevos que entran y salen de la industria en corto tiempo, y el agente más nuevo suele ser la mayoría de esa ecuación. A veces, esto es mencionado en diversos seminarios de capacitación de bienes raíces, pero rara vez alguien habla sobre los detalles del "por qué" cuando se trata de la rotación (entrada y salida de nuevos agentes)

¿Cuáles son algunas de las causas?

Los corredores de bienes raíces son reacios a hablar del tema sobre las grandes pérdidas de nuevos agentes que ingresan al negocio, en parte cuando el nuevo agente se une a esa oficina, los recursos educativos o la capacitación en esa oficina no son adecuados o suficientes para ayudar al agente a alcanzar el éxito. Un agente puede superar algunos estos obstáculos de educación o la falta de ellos con una actitud positiva simplemente enfocando su mente en la dirección correcta con pensamientos positivos para así poder encontrar una oficina de bienes raíces con los enfoques correctos para su carrera.

Uno podría pensar, ¿no sería mejor si el corredor de bienes raíces tuviera un mejor plan de acción para ayudar al nuevo agente a alcanzar el éxito en su carrera en lugar de lidiar continuamente con las consecuencias de perder a esos agentes. Tal vez si enfatizamos más en la capacidad intelectual del pensamiento además de las muchas de las técnicas de venta de bienes raíces, Uno podría tratar de capitalizar más en la comprensión del pensamiento positivo. ¡No me malinterpretes!

Muchas de estas grandes empresas y franquicias de bienes y raíces tienen programas de capacitación únicos para ayudar a desarrollar las habilidades de un nuevo agente y desarrollar las técnicas de venta del agente, que podrían competir con el agente más experimentado en el negocio. Pero nada de esto importa hasta que uno comprenda el significado de la Ciencia de la Mente y el poder responsable que lo mueve todo.

Malentendido Inconsciente

Durante los primeros años de mi carrera no estaba al tanto de la mecánica más crítica detrás de él "deseo ardiente" para alcanzar el éxito. Es a esto a lo que yo llamo un malentendido inconsciente. Durante casi una década no pude identificar esas cualidades. De cómo un hombre piensa, así es él. Uno debe asumir una comprensión razonable del poder mental que hay dentro de uno mismo, de modo que, al agregar los programas de entrenamiento y las técnicas de ventas superiores, la realización completa del éxito AHORA puede echar raíces.

Al mirar las estadísticas en bienes raíces, es precisamente eso, un registro de quién lo hará y quién no lo hará, pero no toma parte en la cuenta de lo que sucedió. A menos que alguien analice los datos e investigue qué hay detrás del promedio de fallas, entonces es bastante inútil. Pero, para todos los propósitos intensos, se puede calcular que por cada diez agentes de bienes raíces que ingresen al negocio dentro de los seis meses, la mitad de ellos desaparecerán debido a la falta de dinero (mala planificación) y la frustración (falta de visión). A medida que el año llega a su fin, tal vez 1 o 2 agentes de los primeros diez podrían lograr rastros de éxito. Desde el logro de esa pareja de agentes que supera a los demás, uno podría justificar los sentimientos de éxito temprano con un ingreso equivalente a la recompensa del logro.

Las ganancias del primer año para la mayoría de los nuevos agentes con poca o ninguna experiencia en ingresar a la industria pueden ser de $ 0 a $ 25,000 anuales. Además, por cada 100 nuevos agentes que ingresen a la industria, tal vez 8 o 9 de los 100 agentes ganarán cerca de una comisión neta de 100k para su primer año.

¡Si tú piensas que eres todo un ÉXITO! ¡Todo un Éxito serás!

Esta es la visión y el estado mental que debemos poseer cundo emprendemos en esta carrera o cualquier otro asunto que sea de importancia para nosotros.

Marketing por Internet

Hoy nos encontramos en el entorno de tecnología para bienes raíces más rico en la historia. La generación más joven, pueden llamar a esto la era del marketing social en Internet para los bienes raíces. He encontrado que es importante tener un conocimiento práctico y una comprensión fundamental del marketing. Tener algunas habilidades intermedias con ambos, ya sea práctico o monitorear desde una distancia cercana, le ahorrará tiempo y dinero. Para el usuario de Internet sin experiencia o el agente de bienes raíces, muchas compañías de marketing en Internet lo encontrarán sin que usted lo intente. Muchas de estas compañías abarcan el desarrollo de sitios web a AdWords con google para clasificaciones de sitios web. Otras compañías pueden tener sus propios servicios especializados (video o audio), tal vez un despliegue de una página comercial de Facebook o Instagram para proporcionar contenido para su página de LinkedIn.

La mayoría de las compañías de marketing en Internet tienen buena reputación, pero algunas de estas compañías pueden usar técnicas de venta cuestionables para aumentar su ego al usar palabras como "algún agente SUPERIOR te refirió porque eres un nombre importante en el área" o "en la industria, tu nombre había aparecido bastante últimamente". Tenga cuidado cuando se acerque a las empresas con este tipo de táctica de ventas. Si una empresa de marketing en Internet debe acariciar su ego o usar palabras escritas para trabajar el ego de su mente, tenga cuidado. Puede costarle MUCHO al final.

Personalmente, mi conocimiento era más que amplio tanto en internet como en marketing; Tenía suficiente habilidad para diseñar mi propio sitio web.

Costos Asociados para Obtener la Licencia

Después de haber invertido algo de tiempo y un poco más de $ 2,000 a $ 3,000 más algunas clases de bienes raíces, clases de preparación de estudiantes, pruebas, licencias, huellas dactilares, cuotas de MLS, cuotas de tarjetas, cuotas de la junta, y crees que ya estás listo.

¡PERO ESPERA!

Hay más. No olvide las cuotas mensuales de la oficina, el costo de las tarjetas de presentación, los letreros de venta y mucho más, antes de tener un asiento en su nueva oficina de bienes raíces. Además, no olvidemos que se recomienda que tener un colchón financiero de al menos 6 a 9 meses para mantenerse mientras se embarca en su nueva carrera.

Si usted es como la mayoría de las personas cuando se trata de finanzas al ingresar a esta carrera, dentro del primer mes o dos, está a punto de agotar el presupuesto designado para comenzar su carrera en bienes raíces. ¡Esto me paso a mí! Tener la idea de gastar de $ 500 a $ 1,500 adicionales al mes, en marketing era casi inimaginable.

Casi me convertí en una estadística en mi primer año, pero mi malentendido inconsciente; El "Deseo Ardiente" para el éxito es lo que continuó llevándome más lejos. No tenía conocimiento de la mecánica más crítica detrás de mi éxito en bienes raíces, los pensamientos de mi mente.

Cuando mi carrera en el sector de bienes y raíces comenzó en 2002, yo, como tantos otros, me enfoqué con toda la emoción y con toda la pasión, con una actitud de ¡si se puede! En ocho meses, estaba casi fuera del negocio; comenzaba a parecer que mi carrera era un fracaso. Al decir que intenté todo para tener éxito en bienes raíces, esa sería la subestimación del siglo. REALMENTE, quería lograrlo, sentir ese logro de lo que había visto con mis propios ojos, sentir eso que otros agentes experimentaron esa sensación de éxito.

Entonces, un buen día se revelaría anta mí una profunda experiencia que cambio el juego y mi carrera en bienes y raíces se transformaría instantáneamente.

Esto fue a finales de febrero de 2003, e inmediatamente implementé lo que había aprendido de aquella experiencia. Desde entonces, he agregado algunas cosas más para mejorarlo. A finales de ese año, gané con éxito un poco más de $ 85,000.

Qué cambio de juego de ganar $ 3,315 en los primeros 9 meses a un poco más de $ 85,000 el próximo ano. Y el año después, logre alcanzar un ingreso de 6 cifras. Hacer algo tan simple como llevar a cabo una *Casa Abierta* es lo que marcó la diferencia. Algunos de ustedes pueden estar diciendo, ¡QUÉ! Lo sé.

¿Cómo es eso posible?

Como tú descubrirás mientras seguimos, esta se ha convertido en mi salsa secreta para el éxito en bienes y raíces. *El Arte de la Casa Abierta*™, es una guía de trabajo para guiarlo a través de todos los pasos que me ayudaron a mí a tener éxito e ir más allá de lo que creía posible en la industria de bienes raíces.

Debido al éxito, que estaba teniendo en ese momento; Tenía a otros agentes e intermediarios que me preguntaban cómo estaba logrando mi éxito. Supongo que a partir de ese momento se puede decir que estaba en camino para convertirme en mentor y entrenador.

De las personas que he tenido la oportunidad de entrenar y asesorar, algunas han tenido un éxito enorme, incluso más que yo. Siempre me trae una gran satisfacción escuchar sus historias y el impacto que ha sido poder ayudarlos a avanzar en su conocimiento y expandir su dirección de éxito en bienes raíces.

En muchos casos, cuando una persona busca una carrera en bienes raíces, necesita esa dirección concisa para construir su carrera; cuando aplica el poder mental de la positividad y las técnicas de ventas; con tiempo suficiente, todo encajará.

Miedo a los Obstáculos

Cuando se les presenta un desafío, ¿piensas primero en las formas en que podría tener éxito o en las formas en que podrías fracasar? Vea, los agentes de bienes raíces de alto rendimiento siempre están buscando formas de llegar al nivel de éxito que imaginan en sus mentes.

El problema para la mayoría de los agentes de bienes raíces es que invierten cantidades masivas de tiempo en recopilar información, hacer investigaciones, reunir todas las herramientas que necesitarán para tener éxito y luego toman poca o ninguna acción.

En la mayoría de los casos, reunir todas las herramientas y no realizar ninguna acción es un reflejo del miedo interno que el agente tiene sobre su objetivo.

Uno de los grandes obstáculos para la mayoría de los agentes es que dan uno o más pasos hacia adelante, pero debido a que se topan con algunos obstáculos o tienen algunos problemas para implementar una estrategia, quedan paralizados por el miedo a fallar.

Cuando la mayoría de los agentes inmobiliarios sienten ese miedo, tienden a ceder y perder todo el impulso que han ganado en lugar de detenerse y reflexionar sobre lo que realmente está sucediendo en su corazón y mente.

La mayoría de los agentes en bienes y raíces nunca llegan al punto de pensar en dominar un mercado porque no entienden cómo implementar estrategias ganadoras.

Aquí es donde usar las estrategias de marketing aprendidas y una *Casa Abierta* han sido fundamentales para mi éxito inicial. *Casa Abierta* ha sido el trampolín hacia otras actividades inmobiliarias como listados de casas. Puedo entrar a cualquier ciudad de los EE. UU., No saber nada del mercado inmobiliario local o su gente y, en poco menos de un año, estar en el directorio de cualquier compañía de bienes raíces.

Hay una gran frase que he oído, y cuando se le preguntó por otros que tienen éxito, muchos dirán que ha funcionado muy bien para ellos, es de "fingir hasta hacerlo." No, no estoy diciendo que hay que ir a su nueva carrera y convertirse en algo de impostor o fraude. ¡No! Muy por el contrario. Toda la razón y la lógica pueden negar los hechos de la situación actual de una persona, pero si uno cree con toda la fe, se convertirá en realidad en este mundo físico que todos vemos como REALIDAD.

Así que rodéate de personas positivas, motivadas y de apoyo y no les digas a los detractores tus planes. Simplemente haga lo suyo, siga sus sueños, haga su propia vida, forje su camino y muéstreles cómo puede ser realmente el éxito.

Cosas a Tener en Cuenta

- Cada pensamiento es una causa y cada condición es un efecto.

- Una persona debe practicar separarse de los estados de ánimo y pensamientos negativos durante todos los problemas y desastres de la vida diaria.

- Si puede imaginarlo y visualizarlo, puede crearlo.

- Cambia tus pensamientos y cambias tu destino.

- Ármate con el conocimiento y la comprensión de la mente y todo lo demás sucederá por el bien de uno.

Eres la suma total de tus propios pensamientos. Solo usted puede evitar entretener pensamientos e imágenes negativas. La forma de deshacerse de la oscuridad es con luz; la forma de vencer el frío es con calor; La forma de superar un pensamiento negativo es sustituirlo por un buen pensamiento. Afirma lo bueno y lo malo desaparecerá. Muchas veces la mayoría de la gente solo necesita esa pequeña dirección. Todo lo demás finalmente cae en su lugar.

Los Números son Vitales

Los números en cualquier negocio son vitales. Muchos factores determinan el éxito, pero uno muy importante son los números. Organizar una *Casa Abierta* no es diferente de la persona que dirige un puesto de Hot Dogs en una esquina. Necesita productos, personas y ventas para estar en el negocio y si hay un problema con el producto, lo cambia. Si el tráfico de personas que llegan a su puesto es bajo, cambia de ubicación para atraer a más personas. Más personas = más oportunidades para ventas potenciales. Eso es todo; *Casa Abierta* es el potencial para una oportunidad.

Insisto, los números son la clave. La oportunidad para el éxito es mucho mayor para la persona que lleva acabo ocho casas abiertas en lugar de la persona que solo lleva acabo una por mes. La oportunidad puede variar. En el pasado tuve la experiencia que nadie, absolutamente nadie llego a la Casa Abierta. Otras veces tuve una sorprendente participación con más de 46 personas en la *Casa Abierta*.

Alguna de las muchas casas abiertas exitosas que he experimentado, fue una vez que una mujer vino a una casa abierta el jueves por la tarde. En la conversación, descubrí que acababa de despedir a su agente de bienes raíces. Ese día, la oportunidad condujo a la venta de 4 casas y cerró en menos de 45 días.

En otra ocasión tuve una casa abierta, fue el domingo del Super Bowl. Los agentes en la oficina pensaron que yo estaba loco, y tal vez sí, pero me aseguré de que la *Casa Abierta* tuviera muchos televisores de pantalla grande para ese día.

Entonces era domingo del Super Bowl, y la asistencia fue pobre. Nadie se había presentado, cerca de las 4:30 de la tarde, me estaba preparando para cerrar, cuando de repente, llamaron a la puerta. Era una pareja que esperaba ver la casa. Más tarde, me di cuenta de que estaban de visita en la ciudad durante el fin de semana, venían de otro estado. No vendí la *Casa Abierta* ese día, pero en lugar de eso les vendí otra casa en la próxima cuadra. Esa casa estaba de venta por $ 775,000.

Domingo de Super Bowl *Casa Abierta.*

Para tener una mentalidad correcta, uno debe comprender que puede llevar a cabo una casa abierta donde posiblemente nadie se presente, o la participación sea pobre. Será el número de casas abiertas que se lleven a cabo durante la semana o el mes, lo cual le dará oportunidad de conocer nuevos prospectos. Si la participación es menos que deseable dos veces en una *Casa Abierta*, puedo elegir otra casa con la esperanza de aumentar la participación. Solo elija la casa adecuada para llevar a cabo su *Casa Abierta*.

Una vez que elegí una hermosa casa para una *Casa Abierta*, la participación fue pobre para el sábado y el domingo que abrí. La semana siguiente, intenté una jornada de *Casa Abierta* el jueves con lo que parecería ser otra pobre participación.

Decepcionado con la participación, me estaba preparando para cerrar la *Casa Abierta* y luego, sin previo aviso, un automóvil se detuvo en el camino de entrada. Cuando se veía por la ventana de la cocina, un hombre se acercaba a la casa y caminaba por el camino de entrada desde su automóvil. Parecía que volvía a casa del trabajo e hizo un desvío a mi *Casa Abierta*, ya que todavía llevaba su ropa de trabajo. Entró en la casa y me presenté a él. No olvidaré que una de sus preguntas para mí fue: "¿Quién hace una jornada de puertas abiertas un jueves?" A lo que respondí rápidamente: "Yo lo hago, después de todo, te trajo hoy, ¿CIERTO?".

Mientras yo me preparaba para cerrar la *Casa Abierta*, el hombre me preguntó rápidamente si podía llamar a su esposa para que ella viniera a ver la casa. Después de todo, vivían a dos cuadras de la calle y yo respondí: "¡Seguro no hay problema!"

Lo que originalmente se pensaba que era una participación pobre, se convirtió en una venta y un listado ese jueves por la tarde. El hombre y su esposa que vinieron más tarde serían los que comprarían la *Casa Abierta* y me permitirían enlistar su casa para ponerla en venta. Todo esto a solo dos cuadras de distancia. ¡Nunca lo olviden las oportunidades se presentan cuando menos te lo esperas!

En muchos casos, cuando una persona busca una carrera en bienes raíces, necesita esa dirección concisa, aplicar el poder mental de la positividad y el enfoque en las técnicas de ventas de bienes y raíces para construir su carrera; con tiempo suficiente, todo será un éxito.

Los números en cualquier negocio son vitales. Un negocio en bienes y raíces no es diferente. Muchos factores determinan el éxito, pero un aspecto esencial es la visión necesaria y la imaginación necesaria para ver el éxito cuando el mundo objetivo que te rodea niega la realidad misma.

Rara vez se habla de los números dentro de una oficina de bienes raíces de los altos mandos, a menos que sea el corredor o gerente de la oficina trabajando para aumentar su población de agentes. No quiere decir que haya algo de malo en eso, pero para el nuevo agente de bienes raíces, las entrevistas varían en las oficinas de bienes raíces, uno necesita encontrar la opción adecuada y no ceder solo al nombre de la compañía. Si bien algunas oficinas de bienes raíces tienen un gran sentido de no solo hacer crecer su oficina, también invierten recursos para retener a sus principales agentes. Otras oficinas de bienes raíces destinan una cantidad considerable de recursos específicamente al desarrollo y capacitación de nuevos agentes. Como nuevo agente de bienes raíces, uno debe tener un plan vigente para ese tipo de oficina de bienes raíces adecuado a la personalidad de esa persona y centrarse en lo que funcionará mejor para usted.

Al buscar dónde colgar su licencia de bienes raíces, no hay una oficina de bienes raíces correcta o incorrecta para trabajar. El agente que está decidiendo una oficina de bienes raíces deberá encontrar claridad con las políticas y programas de capacitación disponibles para la oficina interna. Una pregunta fundamental en la mente de cada nuevo agente debería ser: ¿es relevante lo aprendido y, si se aplica, puede ayudarme en mi nueva carrera? Seleccionar la oficina de bienes raíces adecuadas puede hacer o deshacer un nuevo agente que finalmente está buscando un camino hacia el éxito.

De las oficinas de bienes raíces, en las que he trabajado desde que obtuve mi licencia de bienes raíces en 2002, ninguna de ellas tenía un programa de capacitación sobre cómo llevar a cabo una *Casa Abierta* que pudiese funcionar para el agente, y mucho menos las grandes posibilidades de prospección. Por lo general, no pasaba mucho tiempo después de llegar cuando el agente o gerente de la oficina me preguntaba si iba a enseñar mis clases de *Casa Abierta* o asesorar a otros agentes sobre cómo lo estaba haciendo. ¡Siempre estuve feliz de hacerlo!

Después de mudarme a Texas, volvería a decir que las técnicas de *Casa Abierta* serían relevantes para el mercado actual al obtener mi licencia de bienes raíces en 2012. Al igual que 10 años antes, llegué a una nueva ciudad donde no tenía contactos ni esfera de influencia y tuve que comenzar desde el principio.

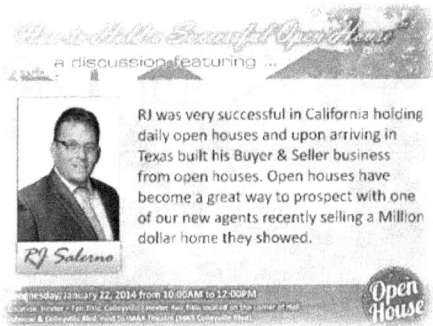

Mis comienzos enseñando los principios de la *Casa Abierta*.

Con 15 meses de tiempo, tendría la oportunidad de clasificar entre los MEJORES 21 agentes de los 240 agentes para la oficina de renombre número 1 en el 2013.

Todo mi éxito atribuido a las técnicas del arte de la *Casa Abierta.*

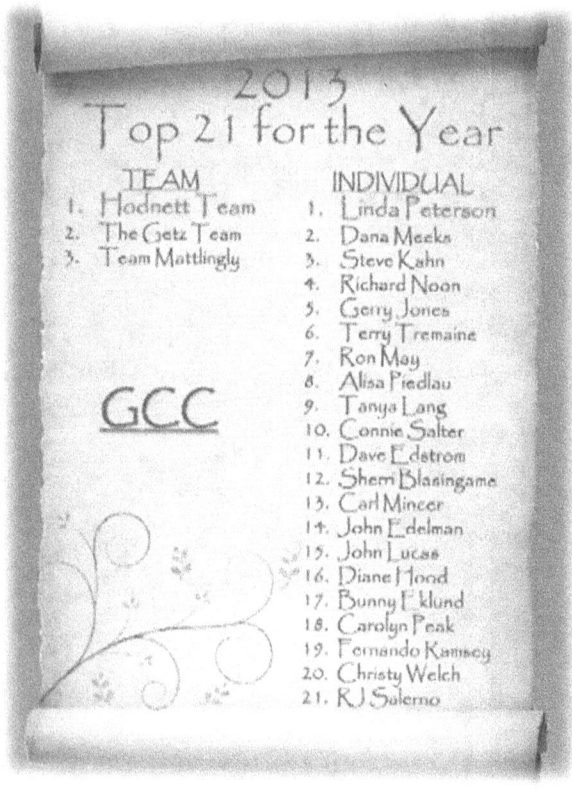

En el año 2013 tuve oportunidad de estar entre los MEJORES 21 agentes de los 240 agentes que había en la compañía.

Compradores & Vendedores

En general, la mayoría de agentes de bienes raíces que buscan clientes potenciales, se han convertido en nada más que un cliché. Lo que muy pocos se atreven a mencionar, es que para realizar esa búsqueda de clientes, hay todo un arte. Y todo esto comienza construyendo buenas relaciones.

Las relaciones en pocas palabras, son tu pan y mantequilla – y cuando digo eso, no me refiero al aperitivo que te comes antes de tu comida.

Para entender cómo maximizar tus relaciones como agente de bienes raíces, debes comenzar por hacerte estas preguntas básicas: ¿a quién conozco y quién me conoce? Conocer y ser conocido por tantas personas como sea posible es crucial, especialmente cuando no hay muchos prospectos para abordar.

Me he dedicado a transformar la plataforma de la *Casa Abierta* para convertirla en una gran herramienta de oportunidad. Todo comienza con esa primera impresión, que posteriormente lleva a encender esa relación entre agente y prospecto. A lo largo de los meses y los años cuando has realizado con éxito muchas *Casa Abiertas,* seguido te encuentras con personas que han visitado tus *Casas Abiertas* en el pasado y aun te recuerdan.

Ahora, es importante aprender bañarse en la palabra "NO" y disfrutarlo. Se escuchará más veces que el "SÍ" que todos los agentes de bienes raíces desean escuchar. No te preocupes, con el tiempo tu inmunidad hacia ello aumentará. A veces es solo el prospecto diciéndote que no ha escuchado la suficiente información como para dar su aprobación de un "sí". Cada método de prospección tiene su lado positivo y negativo, pero eso depende realmente de como el agente de bienes raíces quiera mirarlo.

Descubrí que *El Arte de la Casa Abierta*™ es un método más accesible, ya que me dio una forma más casual y formal de presentarme a un posible comprador o vendedor. Mientras que otros métodos podrían ser más abrasivos o costosos para el agente nuevo que comienza su carrera en bienes raíces. Creo que en la lista de los menos favoritos tendrían que estar hacer llamadas en Frío. No creo que necesitemos entrar en detalles sobre eso.

Farming es otra posibilidad, claro si uno no tiene prisa por generar dinero inmediatamente. Con este método, usualmente le toma de uno a tres años antes de poder ver los frutos de su trabajo, si se hace bien. Sin embargo, en el mundo móvil y del Internet de hoy en día, los agentes deben adaptarse para lograr cualquier éxito al hacer *farming* en vecindarios. De cualquier manera, el tiempo siempre jugará un factor crucial.

También he descubierto que ofrecer consejos a personas que no están buscando consejos, es totalmente infructífero. La mayoría que busca y quieren consejos, te buscarán.

Uno de los métodos de prospección más común, que al parecer la mayoría de gerentes de ventas sugieren a los nuevos asociados, es el de llegar a su esfera de influencia primeramente. Y eso está bien, puede funcionar para algunos, pero ¿quién realmente quiere estar en el lado receptor de un amigo, pariente o compañero de trabajo, que te esté presionando?

La verdad, es que la mayoría de nosotros, si se nos da la opción, no nos gusta la idea de trabajar con un novato, aun si sabemos que ese novato es un amigo o familiar. Por lo general una de las respuestas de ellos hacia nosotros es: Obtén algo más de experiencia en lo que haces, y tal vez hablemos. Muchas veces no te lo dicen pero si lo piensan.

De todos los métodos de prospección, creo que la *Casa Abierta* es uno de los menos costosos, con resultados más inmediatos que los demás. No se trata de decir que los otros métodos de prospección no funcionan, pero un buen número de ellos requiere más tiempo y dinero para desarrollarse, y dinero, es lo que la mayoría de los nuevos agentes no tienen para empezar a ver y cosechar sus frutos.

- Llamadas en frío

- Ofrecer una evaluación de la casa, puerta a puerta

- Ofrecer consejo a los vendedores Dueño a Dueño

- *Farming*

- Contactar a listados vencidos de bienes raíces

- Publicidad en Facebook, Twitter, y Zillow, etc.

- Enviar tarjetas electrónicas

- Enviar tarjetas navideñas y anuncios publicitarios

- Reconectar con clientes anteriores, familiares y amigos

- CASA ABIERTA y muchos más…

Pare de Vender la Casa Abierta

A pesar de todos los cambios que la tecnología ha generado en cuanto a cómo se compran y venden las casas, una característica estándar del proceso sigue siendo la misma, la Casa Abierta. La tecnología puede hacer que sea más fácil, pero nunca podrá reemplazar la experiencia de la conexión humana.

¿Pero acaso *El Arte de la Casa Abierta*™ se ha ido por el camino del teléfono fijo, en pocas palabras ya paso de moda y perdió su utilidad? Depende a quién le preguntes. Algunos agentes creen que la modernidad ha restado importancia a las *Casa Abiertas*, mientras que otros agentes creen que son más importantes que nunca. Creo que cuando la inteligencia artificial se convierta en el factor para reemplazar a la humanidad, solo entonces será el día en que una *Casa Abierta* se vuelva inútil.

Cuando los agentes se enfocan y ven la *Casa Abierta* como una herramienta vital solo para vender la *Casa Abierta*, es aquí donde se pierden las oportunidades. Esta es una mentalidad totalmente equivocada. No se trata de vender la *Casa Abierta* solamente. Sí, sería bueno vender la *Casa Abierta,* pero cuando un prospecto siente que lo estas presionando tratando de vender, en la mayoría de los casos, HUYEN. Esto es lo que algunos agentes continúan pasando por alto y preguntándose a sí mismos por qué no están teniendo el éxito que debieran.

Un *Casa Abierta,* es una herramienta valiosa para que el vendedor pueda exponer la casa que desea vender. Ya sea mediante letreros en las calles, anuncios en los periódicos o anuncios por internet que promocionen la *Casa Abierta*. Llevar a cabo una *Casa Abierta* no solamente da exposición al vendedor de la casa, sino también al agente de bienes raíces que organiza la *Casa Abierta.*

Si el agente continúa con la mentalidad de solo vender la *Casa Abierta*, eventualmente abandonará la creencia de dirigir *Casas Abiertas* y condenará *El Arte de la Casa Abierta*™ como una valiosa herramienta de oportunidad. Ahí es donde se manifiestan la mayoría de los comentarios negativos de otros agentes, por qué no creen que el *Casa Abierta* sea una oportunidad.

NO se trata de vender la *Casa Abierta*; se trata de conocer personas que podrían estar pensando en comprar o vender dentro de poco tiempo.

Ahora es importante destacar, que un sorprendente 16% de las veces, el agente de bienes raíces termina vendiendo la *Casa Abierta*. ¡Se trata de tener una mentalidad CORRECTA a la hora de abordar las razones por las que se va a organizar la *Casa Abierta*!

Comprometerse con *El Arte de la Casa Abierta*™ ciertamente abre la posibilidad de reunir de 3 a 6 nuevos prospectos en promedio por cada *Casa Abierta*. Además, no olvides la posibilidad de conocer a alguien que también esté considerando vender su casa. Si se hace bien, una *Casa Abierta* puede ser una HERRAMIENTA MUY EXITOSA.

Si buscas un mayor éxito en el ámbito de la *Casa Abierta*, lo primero que debes saber, es cómo hacer que compradores potenciales aparezcan. Una de las mejores formas de atraer a la gente para que asista a la *Casa Abierta*, es, promoviendo lo más extensamente posible y tan pronto como sea posible en el lugar donde la mayoría de los compradores acechan – en Internet.

La estrategia para promocionarse o anunciarse, son letreros y muchos letreros. Usa una combinación de letreros con la marca de la compañía y letreros especiales, que anuncian obsequios que van desde café recién hecho, hasta una lista de ejecuciones hipotecarias en la zona.

Psicología de la Casa Abierta

Debemos entender algo, al principio la mayoría de los prospectos no querrán a hablar contigo. Si alguna vez has tenido la experiencia de ir a una agencia de autos para buscar tu próximo carro nuevo, te darás cuenta que es lo mismo. ¿Alguna vez has entrado al estacionamiento de una agencia de autos y te has anunciado, diciendo: estoy aquí para comprar un auto!? ¡NO, CLARO QUE NO!

Y si tú eres como muchos que yo conozco, es posible que ya le hayas dado la elogia y los santos oleos a tu viejo auto, estacionándolo lo más lejos posible, fuera de la vista de cualquier vendedor de autos.

¿POR QUÉ? Simple porque tú no quieres que ese vendedor sepa por qué estás allí. La frase "solo estoy mirando" aparece mucho. Y ¿Por qué? Porque tú no has decidido si esa persona realmente puede relacionarse contigo, con tus necesidades y deseos. Una relación no ha sido establecida aun.

La opinión que el público tiene sobre los agentes de bienes raíces, es quizás un poco mejor que la de un vendedor de autos. Y es probable que el vendedor de autos ocupe el segundo lugar a la vista del público, o al menos eso es lo que he escuchado.

Tienes "5.9 segundos" para dejar una impresión duradera que comience a encender una relación, que puede llegar a tener grandes satisfacciones en los años por venir.

Si ese prospecto aún no está trabajando con un agente de bienes raíces, este es tu momento de brillar. Es aquí donde se define la frase "Tu agente de Bienes Raíces para Toda la Vida."

Desde el momento en que los compradores entran por la puerta, estarán calificando las primeras cinco a diez palabras que digas, así como también lo que tu lenguaje corporal les diga. En este punto si se logra establecer una conexión entre agente y comprador, ya la hiciste! este será el momento y la forma en que tu esfuerzo dará du fruto.

También es bueno mantener en perspectiva, que tu como organizador y auspiciador de la *Casa Abierta*, no tienes que ir a las personas ellas acuden a ti y no al revés. Tú no eres el que se presenta en la casa de una persona sin anunciarse para hablar de bienes raíces. Por periodo 3 o 4 horas, esa *Casa Abierta* es tu casa, ¿para qué? ¡Para hablar de bienes raíces, por supuesto! Este es el momento en que tu capacidad y confianza en ti mismo deben brillar más intensamente.

Esta puede ser la única oportunidad que tú tengas para ver y hablar con los invitados que lleguen a tu Casa Abierta. A sí que hay que tomar el tiempo para preparase y ser el mejor especialista en el área, experto en residencias.

Podemos ser el problema o la solución al problema, todo depende de cómo lo miremos, la mentalidad es lo que hace la diferencia.

Manos a la Obra

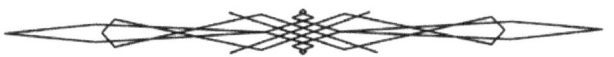

La gente debe mirarte como el PROFESIONAL que eres y no solamente como un vendedor tratando de ganar dinero. Esta es una área que se pasa por alto fácilmente. La mayoría de los compradores y vendedores de viviendas, prefieren trabajar con alguien que se conecte con ellos, que entienda sus deseos y necesidades, y es ahí donde se establece el dilema.

Como profesionales, desde el primer día que ingresamos en esta industria, se nos dicen que todo es negocio, y debemos conducirlo profesionalmente. Para el comprador o el vendedor, se trata del negocio de su casa o de su futura casa, pero tanto para el comprador como para el vendedor, existe una conexión emocional muy presente en todo el proceso. Esta decisión que se toma entre ellos, por lo general es el evento MÁS

GRANDE experimentado por el comprador o el vendedor.

¿Ves ahora por qué la parte de conexión juega un papel muy importante? Si el agente logra obtener esa parte correctamente con éxito, esto pondrá en marcha una base de referencias que se multiplicará en los años venideros.

Para estar listo, el agente necesita planificación, preparación y disciplina. Recuerda, al principio es importante mantener la conversación ligera y espaciosa. Si el prospecto te ve relajado, finalmente se abrirá.

Debes saber que desde el momento en que el prospecto entra a la Casa Abierta; está a la defensiva. ¿Puedes culparlos por ello? Absolutamente que NO! La sociedad les ha dicho que los agentes de bienes raíces tienen colmillos y son más aterradores que Freddy Krueger.

Recomendación importante; Si usted como agente responsable de organizar su *Casa Abierta* está tratando de decidir dónde es el mejor lugar para montar el comando central, permítame sugerirle la cocina. Por favor, no sea ese agente que coloca una mesa y una silla justo al lado de la puerta de entrada de la casa, mientras sus visitantes ingresan. Podrían llevarse un buen susto y comenzar a creer que los rumores de la sociedad sobre ellos, son ciertos. Dale espacio a tu prospecto, luego reúnete con ellos y conócelos. Haz que sonrían y se rían, y comienza con algunas preguntas fáciles para romper el hielo.

Aquí hay algunas preguntas que te pueden ayudar a romper el hielo.

- ¿Qué los trajo aquí?

- ¿Qué los motivo para considerar (comprar / vender su) casa?

- ¿Cuál es su casa ideal?

- ¿Tienen preferencia por alguna área en particular?

- ¿Qué rango de precio han establecido para esto?

- ¿Preguntar sobre…(Su trabajo/la comunidad/ese pasatiempo)?

Una vez dada la bienvenida, aquí es donde la comprensión del lenguaje corporal es importante. Como profesional de bienes raíces, siempre debes tener en cuenta tu lenguaje corporal. Influye en la primera impresión que se produce en los demás y puede atraer o rechazar potenciales prospectos. ¿Te inquietas cuando hablas con tus potenciales clientes? ¿Dónde están tus manos? ¿Cómo es tu postura? ¿Eres auténtico y acogedor? Si tienes confianza, no solo impresionarás a las personas con las que estás hablando, sino que también tendrás más confianza en ti mismo.

Cuando entras a una habitación, ten confianza en tus movimientos. No cruces los brazos ni encorves los hombros. Cuando estés sentado, práctica un lenguaje corporal expansivo – ocupa tanto espacio como sea posible sin invadir el espacio personal de tu prospecto para parecer poderoso y asertivo.

El prospecto puede querer recorrer la casa primero y hablar luego. O es posible que quieran ser guiados a través de la casa y hablar.

Las preguntas de final abierto son increíblemente valiosas para el proceso de venta de casas (siempre y cuando tú estés dispuesto a escuchar).

Te ayudan a reunir información para calificar oportunidades y establecer una buena relación de confianza y credibilidad.

Como profesional de bienes raíces, es muy importante tener un repertorio de poderosas preguntas abiertas. Preguntas que son respondidas por más de un simple "sí" o "no". Preguntas donde el prospecto/cliente se involucra directamente en la discusión de ventas. Aquí hay unos ejemplos.

- ¿Cuál es su siguiente paso de acción?
- ¿Cuándo planean llevarlo a cabo?
- ¿Qué tipo de desafíos están enfrentando?
- ¿Cuáles son sus preocupaciones?
- ¿Cómo espetan que esto suceda?
- ¿Cuáles son sus expectativas / requisitos para una transacción de bienes raíces sin problemas?
- ¿Cuál es la línea de tiempo para el proceso?
- ¿Qué es lo que más les gustaría ver cumplido?

El objetivo de utilizar preguntas abiertas en un diálogo de ventas, es invitar al prospecto a abrirse para explicar puntos clave y estar dispuesto a recibir información nueva y significativa. A veces, comenzando con "Hábleme de…" puedes lograr el mismo fin, aunque técnicamente no es una pregunta.

Como agente de bienes raíces, es importante que los clientes sepan que tú eres alguien en quien pueden confiar. Sé tú el agente diferente… ¡El que sobresale del resto!

Preguntas abiertas por la… ¡VICTORIA!

Algunas veces los asistentes a la *Casa Abierta* son compradores de la *Casa Abierta*.

Soltaron la Bomba "A"

Cuál es la forma más rápida de deshacerse de un agente de bienes raíces? ¡Sencillo! Solo dígales esta frase: gracias pero estoy trabajando con otro "agente". Aparentemente, esa frase es Criptonita para muchos agentes de bienes raíces, de lo cual la mayoría de ellos no se recuperan después de la reunión inicial.

Y no estoy tratando de insinuar que te estén mintiendo, es solo que ellos no te conocen. No hay una relación establecida aun. Ahora, puede ser verdad que SI estén trabajando con otro agente de bienes raíces, pero ¿acaso eso significa que el agente de la *Casa Abierta* no deba o pueda conectarse con ellos? ¡NO!

Muchas veces escuche a mis prospectos decirme esa misma frase una y otra vez, cuando en realidad solo estaban buscando un agente de bienes raíces con quien trabajar. O simplemente estaban pensando en reemplazar al que ya tenían. Pero que pasa muchas veces? El agente simplemente se queda paralizado sin ni siquiera poder detectar todas las señales que el prospecto le ha estado dando. Simplemente perdió su oportunidad.

En algunos estados, un comprador puede firmar un acuerdo de representación con su agente actual de bienes raíces, pero eso no le impide interactuar con el posible cliente siempre y cuando no los engañe.

Para mayor claridad, un Acuerdo de Representación del Comprador, es un documento legal que crea una relación de trabajo con el corredor / agente de bienes raíces de un comprador en particular, detallando a qué servicios tiene derecho el cliente y qué es lo que el agente de bienes raíces espera del comprador a cambio. Ningún agente tiene un reclamo sobre un comprador, y el comprador puede cambiar de agente de bienes raíces si así lo desea.

De todos modos, no estoy sugiriendo que convenza a un cliente potencial de cambiar de agente o decirle que despida a su actual agente de bienes raíces. Eso no sería ético. Lo que estoy sugiriendo es que estén al tanto de las oportunidades si se presentan a sí mismas, luego capitalícenlas.

A continuación se muestra una breve lista de por qué un cliente potencial podría estar considerando cambiar a su agente de bienes raíces.

- Pobres habilidades de comunicación

- No puede responder adecuadamente preguntas

- Parece que no está familiarizado con el vecindario

- Muestra casas que no se ajustan a los parámetros

- No responde con prontitud a las consultas

- Parece más interesado en sus propias necesidades que el cliente

- Se confunde fácilmente o se distrae del trabajo a mano

- El estilo personal no es una buena combinación para la personalidad del cliente

- Carece de una calidad visible que es importante para el cliente

- Muestra evidencia de una débil capacidad de negociación

Alerta; es posible que no te estés dando cuenta que el prospecto está buscando un nuevo agente de bienes raíces. Suele suceder.

Estas son algunas de las características que un comprador o un vendedor de viviendas puedan estar buscando en el agente de bienes raíces que están buscando para trabajar, es posible que quieran...

- Hablar con clientes recientes de ellos.

- Verificar licencias y acciones disciplinarias.

- Preguntar acerca de los premios profesionales.

- Seleccionar un agente con las credenciales correctas.

- Descubrir qué tan experimentado es un agente.

- Mirar las listas actuales del agente.

- Medir el conocimiento del agente sobre el área.

Comprador Educado

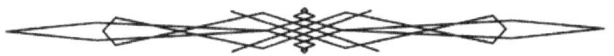

Los compradores y vendedores de casas hoy en día, son consumidores más educados e informados. Debido a la cantidad de recursos disponibles en línea. En los últimos 20 años, la tecnología ha impactado nuestras vidas en todos los ámbitos posibles, de una forma muy evidente. También la industria de bienes raíces se ha vuelto más rápida, más fácil y más confiable, gracias a la enorme cantidad de herramientas disponibles, no solo para el agente de bienes raíces sino también para el comprador.

Hoy más que nunca los consumidores tienen el control del proceso de compra o venta. Y esto, no es una sorpresa para los profesionales de bienes raíces que han logrado completamente redefinir sus roles en los últimos años. Los compradores y vendedores de casas de hoy en día lideran el encuentro. Se están educando a sí mismos.

Buscando otras fuentes de información adicionales, además de la profesión en sí, para así tomar una decisión más informada.

La era del internet ha creado una revolución positiva para compradores, vendedores y profesionales de bienes raíces, haciendo colapsar el viejo y largo proceso que se empleaba para comprar y vender propiedades. Con la ayuda del internet, este proceso se ha convertido en una rápida y corta práctica de negocios. Donde la mayor parte del trabajo se lleva a cabo por todas las partes involucradas, aun antes que el comprador haya visitado el área o una *Casa Abierta*.

Realtor.com se ha convertido en una gran fuente de bienes raíces; si lo desea, pudiese llamarlo la "biblia" de bienes raíces. Y su valor consiste en su habilidad de permitir al comprador hacer su propia búsqueda. Aunque hay muchos sitios interesantes de búsqueda en internet, Realtor.com tiene una posición de liderazgo y es visto por un 70% de los posibles compradores antes de ellos visitar la propiedad.

Como agente de bienes raíces, es sumamente importante tener un muy buen conocimiento del mercado para así poder ayudar mejor a los consumidores de hoy. Teniendo en cuenta, como agente de bienes raíces, que en algunas ocasiones, el comprador esta mejor informado sobre la propiedad, incluso antes de tener la oportunidad de conocerse.

SÉ UN EXPERTO RESIDENCIAL

Procure estar muy bien familiarizado con el área de la *Casa Abierta* y sus alrededores. Tenga en mente propiedades que puedan tener impacto en el área de la *Casa Abierta,* que se encuentren bajo contrato o se hallan vendido recientemente.

El comprador podría estar buscando una casa diferente al modelo de la *Casa Abierta,* y tener conocimiento del área circundante podría ser beneficioso. Siempre recomiendo conocer y tener detalles de al menos otras dos casas que estén en venta, cerca de la *Casa Abierta*. Es una excelente manera de abrir otras posibilidades, a una perspectiva que explore otras opciones adecuadas a las necesidades del comprador.

VIVE LA FILOSOFÍA "DAR PARA RECIBIR".

Encontrar el vecindario correcto para llevar a cabo la *Casa Abierta* es de mucha ayuda.

Irse sin Decir Adiós

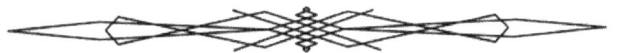

Cuál sería una de las razones más importantes por la cual hacemos una *Casa Abierta*? Una de las razones es, tener la oportunidad de conocer a personas que podrían estar pensando en comprar o vender próximamente. Otra razón importante es también para obtener nombres para agregar a nuestra lista de contactos, números de teléfono o direcciones de correo electrónico de quienes visitaron la casa.

Hacer la pregunta correcta y de la manera correcta hace la diferencia. No sugeriría hacer preguntas cerradas tal como "¿Me firmas mi libro de invitados por favor?" No, a menos que las apuestas sean su especialidad. En esas circunstancias, las probabilidades son algo así como un 50/50. O podrías usar mi pregunta personal favorita, con muchas más posibilidades de éxito. Algo así como…

"¿PODRÍA HACERME UN FAVOR?" ... (*Espera la Respuesta*) ... "¿PODRÍA FIRMAR MI LIBRO DE INVITADOS?"

Cuando se hace la pregunta de la manera correcta, la ley de respuesta universal normal es: "¡Claro!" o "Absolutamente" o "No hay problema".

Cuando las personas se registran en tu libro de visitas, es muy común ver que solamente te dan la información de su nombre y dirección de correo electrónico. Si lo detectas a tiempo antes de que se vayan, simplemente solicita la información restante, como su dirección y número de teléfono. Anota en el libro de visitas junto al nombre de los prospectos las preocupaciones importantes que ellos puedan tener, para verlas más tarde.

Ahora que ya tienes contactos en tu libro de visitas, es hora de seguirlos, así que ponte a trabajar. ¿De qué sirve tener una *Casa Abierta* si no hay un sistema de seguimiento?

¡Estas son LAS CITAS CALIENTES! Si no haces nada con ellos, ¿cómo puedes esperar tener éxito? Realizar todas las actividades de prospección, sin dar seguimiento, es como dar un salto de bonyi al vacío desde un edificio alto. Excepto sin la cuerda de bonyi. ¡Ciertamente no puedes esperar un éxito!

Se sugiere hacer un seguimiento con ellos al menos 3 veces. Agradéceles por venir a la *Casa Abierta*. Pregúntales si les gustaría recibir notificaciones de las próximas *Casas Abiertas* que organices en el futuro. En pocas palabras mantente presente en sus mentes y pensamientos.

Si todo lo que tienes es solo una dirección de correo electrónico que te dejo uno de tus invitados de la *Casa Abierta*, asegúrate de tener la intención de darle seguimiento. En una ocasión una pareja visito una de mis *Casa Abiertas*, y la dirección de correo electrónico era todo lo que habían dejado de información. Así que era lo único que yo tenía para contactarme con ellos. Envié dos correos de seguimiento en el transcurso de una semana, sin respuesta alguna.

En mi tercer intento, de nuevo envié un correo electrónico. Esta vez preguntándoles si ya habían encontrado la Casa de sus Sueños.

Echando un vistazo hacia tras, estoy contento de haber enviado ese último correo electrónico, ya que el esposo me contestó y en 30 días no solo les vendí una casa, sino que también listé su casa actual y también la vendí. Vale la pena ser persistente y hacer un seguimiento.

¡Cuando la gente piense en BIENES RAÍCES deja que piensen en TI!

Las casas desocupadas pueden ser la mejor opción para llevar a cabo una *Casa Abierta.*

Todo Sobre los Sistemas

Debe establecerse un sistema para todo lo que se hace de principio a fin para cada *Casa Abierta*. Una *Casa Abierta* exitosa, depende de la ubicación correcta para atraer a potenciales compradores de casas. Es aquí donde estudiar el área y el tipo de compradores de casas que deseas atraer, son factores clave. Cualquier casa puede tener potencial, pero si buscas una casa para llevar a cabo tu *Casa Abierta* con un precio que no te resulte cómodo, entonces los posibles compradores de casas, que visiten tu *Casa Abierta* sentirán eso en tu conversación con ellos.

Al igual que cuando un comprador potencial busca una casa, tú, como agente de bienes raíces, debes buscar la casa adecuada para llevar acabo tú *Casa Abierta,* esta debe ser una casa que atraiga al tipo de comprador que tú deseas.

En algunas ciudades del país, te permitirán colocar letreros direccionales una noche antes de la *Casa Abierta*. Tener los letreros para la *Casa Abierta*, y la ubicación correcta de estos es de suma importancia. Ten cuidado de no colocar uno de tus carteles en propiedad privada o en lugares donde no se deben colocar, ya que pueden desaparecer. O mejor aún, un propietario descontento por un letrero puesto en su propiedad puede aparecerse en tu *Casa Abierta*.

- Encuentra la *Casa Abierta* ideal

- Crea un plan (Cuándo & Por qué hacerlo)

- Preparación (Letreros, materiales, vendedores & etc.)

- Ejecutar

- Seguimiento... Seguimiento

- Repetir

TODO SOBRE LOS NÚMEROS PARA EL ÉXITO.

No te olvides de hacer seguimiento a todos tus visitantes de la *Casa Abierta*, más tarde por teléfono o correo electrónico, recuerda esto agregará valor a tu carrera de bienes raíces.

Algunos números para considerar, si un agente hace tres *Casa Abiertas,* más que el otro agente que solo hace una por mes, el primer agente que hizo tres más tiene el potencial de ser 4 veces más exitoso que el otro que hizo solo una.

EL ÉXITO SOLO FUNCIONA SI SE APLICAN SISTEMAS Y CONSISTENCIA.

Encontrar el vecindario correcto para llevar a cabo la Casa Abierta es de mucha ayuda.

Lo Saben los Constructores

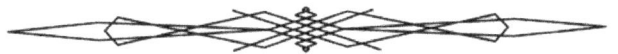

Los constructores conocen muy bien su producto y cómo venderlo. Un constructor de casas generalmente pasa bastante tiempo en la fase de planificación y preparación del desarrollo. Es por eso que la mayoría de los constructores de casas comienzan con la construcción de una casa modelo. Los constructores se dan cuenta de que la actividad de ventas que ocurrirá en una casa modelo, estará entre el 85% y el 95% debido a las imágenes y el concepto de la casa modelo. Tanto los del centro de desarrollo como los constructores saben que si construyen la casa modelo, la gente vendrá.

Los constructores de casas están más que felices de invitar a los agentes de bienes raíces a visitar sus nuevas unidades o proyectos y alentarlos a formular todas y cada una de las preguntas que puedan tener. La construcción de relaciones es la manera perfecta de conocer a los constructores en tu área; dedicar un tiempo a conocer a cada constructor y sus estilos de trabajo, te ayudará a elegir al mejor de ellos con quien tú quieras trabajar. No pases por alto a los constructores de casas; les encanta cuando los agentes de bienes raíces piden ser anfitriones de una *Casa Abierta*.

Por lo general, ¿cuántos días a la semana podrías encontrar una casa modelo abierta al público? Si dijiste 7 días, tienes razón. Vale la pena hacerse la pregunta, ¿realmente funciona una casa modelo abierta los 7 días de la semana? y la respuesta es ¡SÍ!

Uno podría preguntarse, ¿cuántos días a la semana el agente de bienes raíces promedio, organiza una *Casa Abierta*? Como máximo dos días, y tradicionalmente son los sábados y domingos. También vale la pena mencionar la mentalidad que existe dentro de la comunidad de bienes raíces. Y es mentalidad es, que conducir una *Casa Abierta* produce muy pocos resultados.

No es muy común, encontrar a agentes de bienes raíces auspiciando una *Casa Abierta* que ellos mismos hayan listado para venta. Y te preguntaras por qué. ¡Es sencillo! Ellos ya saben que en esa transacción la comisión por haber listado la casa, es de ellos. Es solo cuestión de tiempo, y si no la venden ellos personalmente, algún otro agente lo hará.

Es por eso que encontrar la casa perfecta, para llevar acabo su *Casa Abierta,* es relativamente fácil. Si un agente de bienes raíces actualmente, no, dispone de una casa listada para la venta, esto no debería ser un impedimento en absoluto para darse la oportunidad de llevar a cabo una *Casa Abierta.*

Por otra parte, la mayoría de agentes de bienes raíces, pasan por alto el hecho de que tienen otros cinco días en la semana, llenos de posibilidades. En la sociedad actual en que vivimos, las personas generalmente tienen días libres del trabajo, excepto un sábado o domingo. Para las personas que trabajan, o tienen otras obligaciones un sábado o domingo, terminan perdiendo la oportunidad de visitar una *Casa Abierta* el fin de semana.

Es importante mencionar que hace algunos años, tuve la oportunidad de asesorar a un agente de bienes raíces en *El Arte de la Casa Abierta*™. Tiempo después él se fue a trabajar con algunos constructores de casas, para conducir *Casa Abiertas* en sus casas modelo, y a su vez ayudar a algunos de los representantes de los constructores que normalmente estaban allí, de esa forma ellos podrían tomarse un día libre. Cuando el agente de bienes raíces estaba en la casa modelo, no solamente tenía la oportunidad de vender las casas nuevas de los constructores, sino que también, si uno de los visitantes a la casa modelo tenía una casa para vender, el también aprovechaba esa gran oportunidad.

Creo que los agentes de bienes raíces, han perdido y pierden aún muchas oportunidades simplemente por pasar por alto las posibilidades de oportunidades que nos dan de los constructores.

Piensa como lo hacen los constructores cuando se trata de prepararse para organizar una *Casa Abierta*, mantén tu mente abierta a todas las POSIBILIDADES.

Los constructores de casas aman las *Casas Abiertas*.

Casas Casas & Más Casas

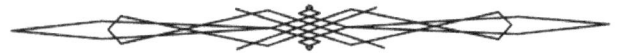

Cuál sería la mejor casa para llevar a cabo una *Casa Abierta*? La respuesta fácil; ¡TODAS ELLAS! Atreves del tiempo he organizado *Casas Abiertas* en casas hermosas, casas feas, casas en comunidades cerradas y casas que ni siquiera tenían los servicios públicos. Lo único que yo tenía en mente era la posibilidad de que el público tuviera interés en venir a ver la casa.

Cualquier casa, incluida las casas de alquiler, tiene el potencial para generar nuevos contactos con los que podemos hablar de bienes raíces. Quizás te estés preguntando ¿por qué casas de alquiler? Dos razones, una, es posible que te cancelen a última hora la Casa *Abierta* que ya habías programado y dos, el inventario de casas disponibles para la venta en tu área puede ser bajo. De cualquier forma, traten de mantener en su mente, el concepto genial de que la propiedad puede brindarles la oportunidad, de hablar con la gente sobre ¡BIENES RAÍCES!

Sin embargo, elegir la casa correcta es importante. No seas el agente que elige una casa que necesita 15 letreros de *Casa Abierta* para llegar a ella. Los visitantes que estén esperando llegar a su *Casa Abierta* se perderán tratando de encontrarlo. Recuerde planificar al elegir una casa para llevar acabo su *Casa Abierta*. Siempre es ideal encontrar una casa que este sobre la carretera principal o al menos cerca.

Trata de elegir una casa con una ubicación a no más de 4 a 5 calles de la carretera principal. Facilitar su búsqueda es vital. Eso podría marcar la diferencia entre una gran participación y una baja concurrencia de visitantes a la *Casa Abierta*. Como agente de bienes raíces, que está considerando llevar a cabo una *Casa Abierta,* siempre, es aconsejable visitar la casa primero para ver si sería la casa ideal.

Hacer una *Casa Abierta* es explícitamente un juego de números.

Cuando un agente de bienes raíces no dispone de un listado de casas propias, entonces ¡NO HAY PROBLEMA! Elige el listado de otro agente, y en algunos casos, puede elegir también el listado de otro agente de otra compañía. Claro siempre y cuando el otro agente o corredor esté de acuerdo ¡y listo estás en el NEGOCIO! Además, los constructores son una GRAN fuente de oportunidad.

Siempre y cuando proveas al agente de bienes raíces que tiene el listado de la casa, una lista con las opiniones expresadas por los visitantes que llegaron a la *Casa Abierta,* estarán felices de que hagas *Casas Abiertas* en su listado.

Algunos agentes te pueden preguntar, "¿Por qué quieres hacer una *Casa Abierta* en mi listado?" Y la respuesta es: "porque voy a generar actividad para tu listado y con un poco de suerte quizás puedo VENDERLA". Si se trata de un listado de otra oficina de bienes raíces como la competencia, entonces deberás utilizar letreros genéricos para la *Casa Abierta*, para así no quitarles la imagen de su listado.

Es importante entender que, SÍ se puede llevar a cabo una *Casa Abierta* en una casa que esta listada por otra compañía. La regla clave aquí es, que el agente de venta haya dado su permiso para llevar a cabo la *Casa Abierta* en su casa. También asegúrate de enfatizar al agente de venta tu intención de utilizar carteles y volantes genéricos de *Casa Abierta*, para no quitarles la imagen de su listado.

A lo largo de los años he llevado a cabo con éxito *Casas Abiertas* en diferentes casas listadas por otras compañías. Sí, en ocasiones te encontrarás con algunos de esos agentes que preferirían ellos mismos conducir sus propias *Casas Abiertas*. No te preocupes, si estás en un área de bienes raíces como Dallas / Fort Worth, donde hay al menos más de 10,000 casas en venta por mes. Sin duda alguna, encontrarás al menos una casa donde puedas llevar a cabo tu Casa Abierta.

Si no tienes algunas búsquedas personalizadas y configuradas en tu página principal de MLS, este sería un buen momento para hacerlo. Muchos agentes y especialmente nuevos agentes de bienes raíces no se dan cuenta de cuán poderosas son sus herramientas de búsqueda en el MLS. Puedes definir una búsqueda personalizada en casi cualquier cosa. Usualmente tenía una búsqueda principal de casas bajo la "ocupación". Podía ver casas que estaban en venta pero habitadas o desocupadas. Si tuvieras que buscar una casa rápido para hacer un *Casa Abierta*, podrías buscar casas desocupadas, luego contactar al agente de venta y pedir una *Casa Abierta* en su listado.

Viernes & la Casa se ha Ido

Ocasionalmente suele pasar que, tienes una *Casa Abierta* ya preparada y los vendedores cancelan en el último minuto o incluso mejor, el agente de venta llama para decir que han puesto la casa bajo contrato y hay que cancelar la Casa Abierta. ¡NO HAY PROBLEMA! Tal como se mencionó antes, la PLANIFICACIÓN es vital, también es importante contar con una *Casa Abierta* de respaldo como plan B.

Para estas eventualidades, una casa vacante es un GRAN sustituto, debido a la brevedad de tiempo. He tenido excelentes resultados con casas ocupadas y desocupadas. A veces, si buscas, puedes encontrar una casa desocupada que está amueblada y eso puede ser mejor.

El tener contacto y buenas relaciones con otros agentes y constructores del área, te puede ser de gran ayuda cuando te cancelan tu *Casa Abierta* a último momento.

RECUERDA, generar prospectos se trata de consistencia. ¡Nadie se hizo EXITOSO sin aplicarlo!

Las casas desocupadas pueden ser la mejor opción para
llevar a cabo una *Casa Abierta*.

Todos Manos a la Obra

Esta es la parte, en que, al organizar un *Casa Abierta*, se involucran a otros vendedores. Estos vendedores estarán felices de unirse a ti, ya que ellos también desean promocionar su negocio. Descubrirás que algunos de estos vendedores ofrecerán bocadillos y bebidas a los visitantes de la *Casa Abierta*.

- Compañías de Títulos / Compañías de Depósito de Garantía
- Oficinas de Préstamos
- Compañías de Inspección de Viviendas
- Planificadores de Fiestas
- Y muchos más...

Ahora, no todos los agentes de bienes raíces están de acuerdo con la importancia de los refrigerios, pero algunos piensan que son una buena idea. Yo personalmente, se dé un agente que a veces invitaba a los camiones de comida a sus *Casa Abiertas* y regalaba boletos deportivos, cuadernos u otras baratijas. Servir galletas y bebidas hace que los visitantes se detengan e interactúen con el agente.

Diapositivas de Casa Abierta

Si desea destacarse de los otros profesionales de bienes raíces, entonces considere preparar una presentación de diapositivas de Casa Abierta. La mayoría de los vendedores de casas en estos días tienen un televisor inteligente. En la parte trasera o lateral, encontrará un puerto USB para conectar un dispositivo móvil. Esta es la oportunidad perfecta para crear una presentación de diapositivas en la casa que destaque del vecindario, incluidos lugares para comer, parques, escuelas y puntos de interés histórico. Puede ayudar a compradores potenciales informados sobre el vecindario, así como también imaginarse en todos los lugares geniales que decida mostrar.

Considere tener un par de concesionarios de autos exóticos en su lista de patrocinadores. Una vez conseguí que un concesionario local de autos nuevos estacionara por algunas horas un Mercedes-Benz S500 valorizado en $ 105,000 en mi *Casa Abierta*. Todos los patrocinadores también quieren una parte de la acción para comercializar su marca, y si piensas lo suficiente en la planificación de tu *Casa Abierta*, tu *Casa Abierta* puede sobresalir más que otros.

Concesionario local de carros tuvo participación en la *Casa Abierta*.

Mientras estamos en el tema de pedirles a los proveedores que ayuden con su Casa Abierta, este es un buen momento para que mencione RESPA. Solo para asegurarse de que usted, el agente de Casa Abierta, cumpla, lo mejor es revisar lo que RESPA tiene que decir si alguno de los proveedores quisiera ayudar a contribuir o pagar algo. Como agente de bienes raíces, es posible que desee obtener las últimas pautas y normas sobre lo que los proveedores pueden o no pagar.

Ejemplo: Cuando una compañía reconocida organiza un almuerzo de agente en una Casa Abierta, están proporcionando alimentos con la esperanza de reunirse con agentes, al igual que los agentes de Bienes Raíces tienen casas abiertas. Una de las preguntas que pueden surgir es, ¿puede el vendedor ofrecer ayuda permitida según RESPA? La respuesta puede ser "Sí" y "No". Realmente depende de lo que el vendedor esté ofreciendo y si eso no está permito según RESPA.

Si un agente de bienes raíces solicita a una compañía de títulos patrocinar un almuerzo organizado para la Casa Abierta, y la compañía de títulos está de acuerdo, el pago es valioso para la compañía de títulos porque de esa manera puede promocionar sus servicios.

Sin embargo, si la compañía de títulos pagó el almuerzo, y además asistió a la *Casa Abierta* y realizó una breve presentación, o mostró un letrero que indicaba el nombre de la compañía de títulos y distribuyó folletos de la compañía de títulos durante la Casa Abierta, es una forma de publicidad por lo tanto, es aceptable y correcta. Si uno no está seguro, siempre es mejor obtener una explicación de su corredor de bienes raíce.

Psicología de Letreros

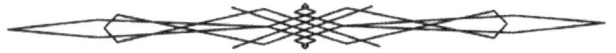

Una *Casa Abierta* es una excusa legal para emplastar el vecindario con tu nombre. Debido a las restricciones que hay de los letreros, en la mayoría de las comunidades nunca te permitirán colocar letreros por toda el área, con la excepción de los letreros de *Casa Abierta*. Algunas comunidades también prohíben esos letreros y otras lo han intentado, así que si puedes hacerlo, no seas TACAÑO.

Usa letreros de *Casa Abierta* estratégicamente para atraer tráfico a tu *Casa Abierta*. He aquí cómo: utiliza múltiples tipos de letreros que sean visibles y legibles desde cierta distancia (al menos 30 pies), y coloca letreros direccionales para anunciar en un radio de cinco cuadras para alcanzar una vista pública más amplia.

Pasa volantes el día anterior a los vecinos más cercanos a la *Casa Abierta* (10 a 15 casas). Eso te brinda oportunidades para listar. Un vecino que esté pensando en listar su casa en venta pasará a ver las casas de sus vecinos para buscar ideas.

El éxito de tu *Casa Abierta* no se mide por la cantidad de posibles compradores que hayas adquirido. El éxito de tu *Casa Abierta* debe medirse de acuerdo con la cantidad de vecinos a los que has impresionado positivamente. Piensa en ello como una fiesta de bajo perfil; quieres que los vecinos entren.

Solo piensa por un momento. ¿Te imaginas si un agente de bienes raíces es consistente con la realización de *Casas Abiertas* regularmente, cómo crees que se verá en un corto período de tiempo? Las personas en el área comenzaran a tener la impresión de que el agente de bienes raíces es la fuerza dominante en la comunidad. Recuerdo un agente específico que era el caso. Al llegar cada fin de semana, podías ver sus carteles de *Casa Abierta* con su nombre por todos lados.

Pequeño Agente se convierte en un Gran Agente

Llevemos esta idea de *Casa Abierta* más allá. Digamos que usted es el corredor de bienes raíces de una pequeña oficina. Supongamos que el tamaño de una oficina puede ser de 10 o 15 agentes en total, y desea hacer crecer su empresa de bienes raíces. ¿Cuál crees que es la forma más barata y rápida de hacerlo posible? Sencillo cubrir las principales intersecciones de carreteras de la ciudad con rótulos de casas abiertas cada fin de semana. ¡Es simple! Enseñe a sus agentes de oficina más pequeños *El Arte de la Casa Abierta*™ y todas las técnicas y conocimientos que ofrece.

Al poner en práctica las técnicas de *Arte de la Casa Abierta*™ dos cosas comenzarán a suceder, una 10 de esos 15 agentes comenzará a producir para su oficina a través de *Casa Abierta* de manera consistente. Y dos, con la comunidad, que constantemente verá los carteles de *Casa Abierta* de su oficina, la comunidad comenzará a creer que su pequeña empresa de bienes raíces es una compañía de POWERHOUSE con más de 100 agentes.

Esa es, la exposición que el dinero no puede comprar, y con suerte, esos otros agentes de otras compañías se darán cuenta, preguntándose qué hace que su empresa de bienes raíces sea diferente a otras. Los profesionales en bienes y raíces suelen sentirse atraídos por el éxito. Cuando sea el momento adecuado, pueden elegir su empresa como esa opción viable para llamar hogar.

Herramientas del Negocio

Tener algunos letreros de *Casa Abierta* sería un comienzo. Yo recomendaría un par de ellos. Uno genérico, y otro con tu información y la de tu empresa. El genérico es por si tu *Casa Abierta* es para una oficina de bienes raíces para la que tu no trabajas.

Los genéricos los puedes comprar en tu Junta local de REALTORS® o en cualquier tienda Lowes o Home Depot. Los letreros personalizados se pueden hacer con cualquier impresora local o en línea.

Sería aconsejable considerar algunos letreros direccionales para tu *Casa Abierta* que se puedan colocar la noche anterior a la *Casa Abierta*. Sin mencionar, que se ahorra tiempo de preparación cuando llega el día del *Casa Abierta*.

Los letreros, Direccionales, Pizarras, Plumillas de *Casa Abierta* deberían estar en su arsenal de herramientas. No olvides el libro de visitas, ya que será el segundo artículo más importante en ese arsenal de *Casa Abierta.*

Algunos ejemplos de letreros, pizarras y muchos más de *Casa Abierta* que funcionan ¡EXCELENTE!

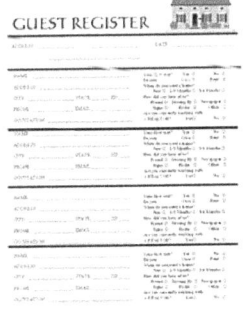

Lista de Cosas para Hacer

Cosas para tener listas el día anterior de la *Casa Abierta*. Nada te hará lucir como un verdadero profesional, si no estás preparado para tu *Casa Abierta*.

- Señales y direccionales de *Casa Abierta*

- Registro de Invitados

- Detalles de la propiedad (Hoja de propiedad, CMA, información de utilidad, descripción de la propiedad, etc.)

- Información sobre 2 a 3 propiedades circundantes

- Globos (si es necesario)

- Alimentos y/o bebidas (si es necesario)

- Vendedores (si es necesario)

Cuando tus visitantes lleguen a tu *Casa Abierta*, es hora de divertirlos, asombrarlos, sorprenderlos y deleitarlos con la información que has preparado para ellos.

Cuando se trata de comida, puedes ir tan elegante como lo desees, pero los hot dogs a la parrilla, las papas fritas, el agua, las gaseosas y el café son todo lo que realmente necesitas. La idea es frenarlos para que puedas descubrir quiénes son y por qué están allí.

Es importante que durante el *Casa Abierta*, el agente cree un entorno neutral. Si la casa tiene algo que podría considerarse un poco polémico (como una cabeza de animal en la pared, o una foto del (de los) vendedor (es) con un político polarizador), sácalo mientras lleves acabo tu *Casa Abierta*.

Como agente de la *Casa Abierta*, se recomienda tomar acción para eliminar cualquier cosa que sea personal (fotos familiares, dibujos en el refrigerador), esto da la sensación de una pizarra en blanco, que podría ayudar a los compradores potenciales a imaginarse a sí mismos en la casa. He oído a otros agentes tomar una postura opuesta: "La gente está comprando una casa, y quieren vivir en ella, y quieren saber que seres humanos han vivido en ella". De cualquier manera, cierra todas las tapas del inodoro y deshazte de esas cubiertas alfombradas en las tapas de los inodoros.

Además, considera quitar tapetes para dejar pisos descubiertos. Quieres que los compradores potenciales vean los hermosos pisos. Les da una sensación de espacio que no está cortado por las alfombras.

Cuando dirijas la *Casa Abierta*, muy rara vez funciona que los compradores y vendedores se reúnan mientras se lleva a cabo el *Casa Abierta*. Desde un punto de vista práctico, cuando los prospectos recorren una *Casa Abierta*, quieren algo de anonimato. Con el (los) propietario (s) allí, los prospectos no pueden hablar libremente. Se recomienda que durante la *Casa Abierta*, el (los) propietario (s) encuentre (n) otras actividades fuera del *Casa Abierta*.

Algunos Consejos para una Casa Abierta Exitosa.

1. No seas un parlanchín. Saluda a tus visitantes, dales tu tarjeta y un folleto de la propiedad, y dales paz y tranquilidad mientras recorren la casa.

2. Sé honesto acerca de las características y mejoras de la casa.

3. No dejes sugerencias vagas sobre las ofertas que se han recibido por la casa si ese no es el caso. Cuando salga a la luz la verdad, el prospecto puede sentirse manipulado y retirarse de toda la transacción.

4. Haz copias de los informes de inspección previa a la venta y de termitas a disposición de los posibles compradores junto con los estimados de los costos de las reparaciones o fumigaciones necesarias.

5. Si tu estado requiere un formulario de descripción, hazlo con tiempo y pon copias a disposición de posibles compradores.

6. Muestra fotografías de los servicios populares del vecindario (por ejemplo, parques locales y centro de recreación).

7. Ten datos de ventas comparables disponibles.

8. Ofrece a los visitantes hojas de información sobre la propiedad con datos importantes sobre la casa y la comunidad. Los ejemplos incluyen un volante que resalta las características de la casa, resúmenes del tamaño de la habitación, tamaño del lote, impuestos y evaluaciones; y un mapa que muestra la ubicación de escuelas, hospitales,

transporte público, bibliotecas, supermercados y otros servicios y minoristas.

9. Pide a los visitantes *su opinión* de inmediato sobre la casa. Además, usa un libro de visitas para recopilar los nombres, números de teléfono y direcciones de correo electrónico de los visitantes. Haz un seguimiento con una llamada telefónica o correo electrónico después del evento.

10. No olvides antes de irte apagar las luces, cerrar las cortinas, quitar el libro de visitas y los folletos, y cerrar con llave.

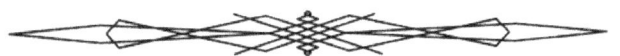

Técnicos

Estos pasos son importantes para tener actividad en línea sobre la *Casa Abierta*. Haz que el agente de venta (si no es tu venta) lo anuncie en la propiedad listada dentro del MLS para la *Casa Abierta* (de esa manera se pasa los datos a Realtor.com, Zillow, Trulia y cualquier otra fuente de terceros). Si es tu venta, informa a la oficina o al personal que coloque tu *Casa Abierta* en el sitio web de la compañía y en las cuentas de las redes sociales.

Si es necesario, publícalo y corre la voz en las redes sociales como Facebook, Instagram, Twitter, LinkedIn y muchas más. Si no tienes Facebook u otras redes sociales, te recomendaría hacerlo. Facebook tiene una gran herramienta que permite al usuario configurar una página de negocios. Ahí es donde recomiendo crear una página de Bienes Raíces. Además, para algunas oportunidades de publicidad gratuita, únete a algunos grupos locales que te permitirán compartir actualizaciones de próximas *Casas Abiertas.*

Los días y horarios ideales para una *Casa Abierta* son los fines de semana los sábados de 2:00 pm a 5:00 pm y los domingos de 1:00 pm a 4:00 pm. Si eliges organizar una *Casa Abierta* en los días de la semana, la hora recomendada es de 3 pm a 6 pm.

La mayoría de los agentes de bienes raíces subestiman lo poderosa que puede ser una *Casa Abierta* entre semana. Piénsalo, literalmente, no hay más competencia que los constructores que tienen sus casas modelo abiertas. Los constructores tienen visitantes en sus casas modelo durante toda la semana, sin mencionar los fines de semana también. He descubierto que si uno realiza una *Casa Abierta* durante un día entre semana, el horario ideal es de 3 pm a 6 pm.

Otro concepto brillante es lo que llamo Bombardeo de *Casas Abiertas.* Ahí es donde el agente de la *Casa Abierta* organiza dos *Casa Abiertas* en el día. En esos casos, es ideal elegir dos casas dentro de un radio de dos millas. Para trabajar de manera efectiva en ese escenario, normalmente harías que la 1° *Casa Abierta* comenzara a las 10:30 am y finalizara a la 1 pm, luego la 2do *Casa Abierta* comenzaría a las 2 pm y finalizaría a las 4:30 o 5 pm.

Generalmente, es mejor organizar un Bombardeo de *Casa Abiertas* un sábado o domingo.

Para tener una mejor idea de lo que está haciendo su competencia, visite otras *Casas Abiertas* en su área circundante. Mira cómo se organizan otras casas y escucha lo que dicen los agentes de la *Casa Abierta*. Toma nota de las características que señalan -- observa cómo se portan con los potenciales prospectos. A medida que avanzas, intenta escuchar las reacciones del cliente potencial con el agente del *Casa Abierta*. De antemano, te dará una buena perspectiva sobre qué hacer y qué no hacer en tu propia *Casa Abierta*.

- Saluda al visitante de la *Casa Abierta* en la puerta.
- Dales la bienvenida y las gracias por venir.
- Entrégales información sobre la propiedad.
- Mientras miran la información, háblales acerca de una o dos características especiales de la casa que tal vez quieran revisar al recorrer la propiedad.
- Pídeles su nombre, número de teléfono y correo electrónico, pídeles que llenen el formulario de registro del *Casa Abierta* para que tengas su información de contacto.

Como te enseñaron en el kínder, si no puedes decir nada bueno, no digas nada. El (los) vendedor (es) aún llaman hogar a la casa, así que no la difames durante la *Casa Abierta*. Es posible que tengan una cámara oculta.

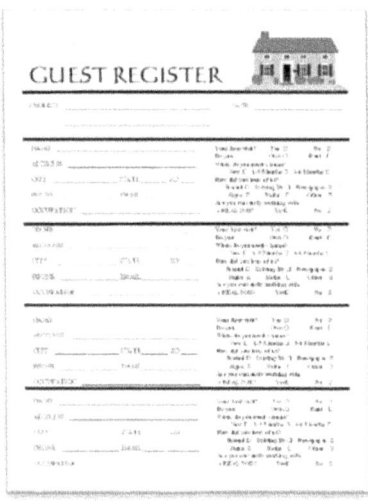

Tenga una lista de invitados para registrar a la asistencia a la *Casa Abierta*.

Pensamientos Finales

Espero, que la información que se ha cubierto aquí saque a la luz las posibilidades ilimitadas de una *Casa Abierta*. Para mí, fue una revelación y un punto de partida. Desde el 2003, he hecho numerosos descubrimientos para ayudar a perfeccionar *El Arte de la Casa Abierta*™ para convertirlo en lo que es hoy.

Resumiendo cosas clave para recordar…

- *Casa Abierta* es sobre números.

- Planificación & preparación del *Casa Abierta*

- Preguntas de final abierto para la VICTORIA

- Conoce, Saluda y construye relaciones.

- Estate alerta a las oportunidades y señales de un prospecto.

- No vendas la *Casa Abierta* (Se venderá a la persona adecuada).

- Sé un experto residencial.

- El éxito solo funciona si se aplican sistemas y consistencia.

- Consigue que otros te ayuden con tu *Casa Abierta*.

- Letreros, letreros y más letreros... No seas tacaño.

Recuerda, si actualmente no tienes ninguna propiedad listada, eso no debería detenerte. Puedes salir esta semana o fin de semana a una *Casa Abierta* conectando potencialmente de 3 a 6 nuevos prospectos.

No conozco ningún otro libro, panfleto o curso de capacitación que profundice con la misma cantidad de detalles claves para ayudarte a entender el increíble potencial de la *Casa Abierta*.

Como profesional de bienes raíces, tu futuro está en tus manos, ahora depende de ti encontrar el éxito, ojalá que un poco más fácil ahora. ¡Por una carrera más brillante en bienes raíces, nos vemos en la CIMA!

Sobre el Autor

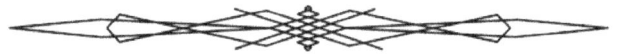

Cuando mi carrera en el sector de bienes y raíces comenzó en 2002, yo, como tantos otros, me enfoqué con toda la emoción y la pasión del mundo, con una actitud de ¡si se puede! En ocho meses, estaba casi fuera de mi carrera en bienes raíces hasta que un día se reveló una profunda experiencia de cambio de juego; y mi carrera en bienes raíces se transformó instantáneamente.

Antes de ingresar a esta carrera en bienes y raíces, estaba ejerciendo otra profesión, cuando adquirí mi licencia en bienes y raíces, a mediados de 2002. En mi campo de trabajo anterior, tuve el honor de estar entre los mejores de la industria de seguros. Y pensé inmediatamente, que al ingresar a esta profesión de bienes raíces, que el ÉXITO sería instantáneo. Tenga en cuenta; No estaba al tanto de la mecánica real del éxito, y mucho menos en una posición para hablar sobre el éxito. En ese momento, era una ilusión desconocida para mí. Todo lo que estaba pasando a mi favor era un malentendido inconsciente del "Deseo Ardiente" para tener éxito.

La mayoría de las oficinas de bienes y raíces tienden a decir que son las mejores en capacitación de agentes de bienes raíces; La mía no fue diferente. Me enseñaron cómo escribir contratos, acuerdos de listado, cómo prospectar, enviar postales, preparar correos y muchas cosas más. Con la sensación de que mis entrenadores eran verdaderos magos del conocimiento en bienes y raíces, estaba seguro de acertar en GRANDE.

Siete meses después de intentar muchos métodos de prospección fallidos para generar ventas de viviendas, también teniendo en cuenta la orientación de mi agente de oficina, el entrenamiento de varios entrenadores y las palabras de sabiduría de otros agentes experimentados. ¡NO TENIA NADA! Al no ver la imagen MÁS GRANDE, todavía no tenía ninguna dirección sobre lo que parecía ser un futuro no tan prometedor en el sector de bienes y raíces. Al entrar en el octavo mes, comencé a descubrir cuán equivocadas estaban esas expectativas, me encontré diciendo: "Esta bien, las cosas cambiarán", pero no lo hicieron.

A medida que aumentaba mi frustración, el décimo mes se acercaba sin un sol real en el horizonte para mi carrera de bienes raíces, y el estrés se apoderaba. Mi búsqueda interna del alma tomo control. Mis pensamientos comenzaron a razonar en mi cabeza: "Puede que necesite buscar otra carrera" (pensamiento negativo) como muchos se encuentran pensando cuando las cosas no están funcionando en los negocios. Sin embargo, me decía a mí mismo: "Soy un luchador; Encontraré una manera". Este fue uno de los momentos más oscuros de mi vida. Solo me sostenía de: " Fe y Esperanza ", no me quedaba nada más.

No mucho tiempo después, me encontré con un amigo que estaba teniendo un éxito enorme en bienes raíces. Aún con dificultades financieras en mi carrera para encontrar dirección, me acerqué a él con renuencia; Lo contacté por teléfono, esperando esa píldora mágica del éxito. Cuando hablé con él, le conté mi historia de cómo estaba "buscando desesperadamente" para encontrar una manera de tener éxito en bienes raíces.

Más tarde en esa semana, me reuní con él en una *Casa Abierta* que él estaba llevando a cabo en

Del Mar, California. Él se llama Kevin; lo que Kevin me dijo ese día cambio mi forma de pensar sobre mi carrera. Lo que Kevin hizo ese día, que inconscientemente no pude ver, y no sería hasta 15 años después que logre ver "La píldora mágica". No tenía nada que ver con mis técnicas de venta o su habilidad para entrenar, pero si tenía todo que ver con mi mente consciente al ver la visión y con creer en mi corazón, esa es "La píldora mágica" el camino al éxito.

Al decir que intenté de todo en 2002, sería una subestimación. Incluso tan tarde como escribir el libro: *El Arte de la Casa Abierta*™, todavía no estaba más cerca de comprender la revelación necesaria detrás de todo.

El componente más esencial que no había podido ver durante este tiempo fue el Poder Mental necesario para marcar la diferencia. Sin comprender el poder de la mente subconsciente, todos los intentos de alcanzar el éxito se desvanecerán en la puesta del sol. El destino de una persona no se puede recibir si la mente está atascada en el pasado, aprende del pasado, vive en el presente y crea un nuevo futuro.

Los pensamientos que piensas, son en los que te convertirás.
Si crees que eres un éxito, un éxito serás.

RJ Salerno

FIN

LIBROS DISPONIBLES